理系の職場

巻頭特集1 これが水族館の現場だ！

鴨川シーワールドは、千葉県鴨川市にある水族館です。飼育している生き物は、身近な魚類からシャチやイルカ、ベルーガなどの海獣類（→p8）、希少な水生生物まで約800種11000点。海の生き物の飼育・展示はもちろん、飼育下での繁殖や研究、野生生物の保護活動などをおこなっています。海獣のお医者さんもいますよ。

飼育下での繁殖に挑戦！

シャチの飼育・繁殖はとてもむずかしいといわれている。鴨川シーワールドは1998年、日本ではじめて飼育下におけるシャチの繁殖に成功。このときうまれたシャチの「ラビー」は無事に成長して、いまではトレーナーと息ぴったりのパフォーマンスを見せてくれる（→p8）。

貴重な繁殖例であるワモンアザラシの赤ちゃんに人工ほ乳をおこなう。

巻頭特集2 ベルーガ飼育も先駆者

鴨川シーワールドは、日本ではじめてシャチやベルーガ（シロイルカ）の飼育に成功したことで知られています。ベルーガは北極海周辺に生息するイルカの仲間。和名は「シロイルカ」で、その名のとおり白くて大きなからだが特徴です。

だんだんわかってきたベルーガの生態

高くすんだ声で鳴くことから「海のカナリア」ともいわれるベルーガですが、その生態は、近年までわかりませんでした。鴨川シーワールドは、1976年に日本ではじめて飼育展示に挑戦。その後、地道な研究活動を続け、ついに繁殖にいたるまでの飼育技術を高めてきました。いまもなお、ベルーガ飼育の先駆者として、日本の水族館をリードしています。

イルカ類の知られざる能力の解明に貢献

飼育員（左）が来館者に向けて、ベルーガの生態について説明しているようす。水中マイクでベルーガの超音波（→まめ知識）を受信。その超音波をリアルタイムで視覚化して、水槽上部のモニターに映しだすことができる。

スーパーベルーガの「ナック」

鴨川シーワールドで飼育しているベルーガの「ナック」は、国内最高齢である38歳のオスです（2024年時点）。ナックは、さまざまなものに興味を示し、ベルーガのなかではずばぬけた理解力をもつ「スーパーベルーガ」ともよばれています。

一般にイルカ類には、超音波を発して、ものの位置や形を把握する「エコーロケーション（→まめ知識）」という能力がありますが、ナックは、人の声をまねする「声まね」能力もあるといわれています。その能力について、外部の研究者と共同研究を進めています。すなわち、イルカ類の認知識別能力の解明にも大きく貢献しているのです。

ベルーガのメロン（→まめ知識）は、さわるとプルプルとやわらかいのが特徴。飼育員が潜水して、ベルーガのおでこの感触を伝えながら、メロンの役割について解説する。

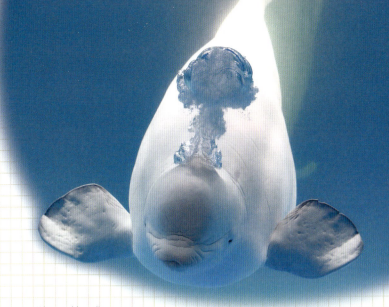

鼻から泡を出すベルーガのナック。現在、ナックがまねすることができる人間の言葉は、「おはよう」「ピヨピヨ」など8種類以上にのぼる。

イルカの超能力！エコーロケーション

ベルーガをふくめたイルカの仲間は、自分が発した超音波が岩や魚などにあたってはねかえってきたエコー（反響音）を聞くことで、その形や大きさを知ることができる。この能力を「エコーロケーション」という。この能力を使って、イルカは、にごった水中で獲物をつかまえたり、障害物の位置を知ったりできる。そのしくみはこうだ。

イルカのもりあがったおでこのなかには、「メロン」とよばれる脂肪のかたまりがあり、このかたまりが音響レンズとしての働きをもっていると考えられている。イルカはメロンを通して超音波を発し、はねかえってきた音を下あごでキャッチして聞きとっているのだ。

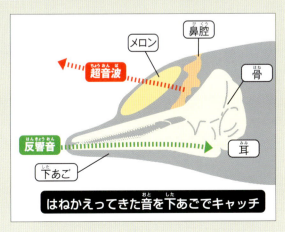

はねかえってきた音を下あごでキャッチ

巻頭特集3 元気を取りもどした野生動物を海へ

イルカやオットセイなどの海獣たちの回遊経路にもなっている千葉県の房総半島では、海獣たちがさまざまな理由で浅瀬に入りこんでしまい、海岸に打ちあげられたり、漁師の網にかかってしまったりしています。鴨川シーワールドでは、そうした海獣を保護しています。そこはさながら、海の野生生物の緊急避難所！！

キタオットセイが約1か月の治療で回復

2017年2月22日に、千葉県いすみ市和泉の海岸で発見されたキタオットセイが、瀕死の状態で運ばれてきました。すぐに獣医師をはじめ、スタッフが手当て。31.9kgだった体重が、1か月あまりで43.2kgにまで回復。まもなく仲間の群れがいる海まで運ばれ、3月30日に放流されました。

鴨川シーワールドでは、こうした野生動物の保護活動を大切にしています。右は、近年の活動の一覧表です。鴨川シーワールドでは、このような野生生物の命を守る活動に、スタッフが一丸となって取り組んでいます。

● 野生生物の保護活動一覧（右欄は発見場所）

ウミガメ類	毎年	鴨川市内の海岸 など
ゴマフアザラシ（幼獣）	2016年5月	長生郡一宮町一宮海水浴場
トド	2014年11月	山武市殿下海水浴場
ワモンアザラシ（幼獣）	2010年1月	いすみ市大原漁港
ミナミバンドウイルカ	2007年7月	鴨川市 定置網
ネズミイルカ	2007年2月	鴨川市 定置網

瀕死の状態で発見されたキタオットセイ。

元気になったキタオットセイを船上から放す。

はじめに

みなさんのおじいさん・おばあさんの子ども時代といえば、将来のなりたい職業として、エンジニアや科学者などといった理系の職業をあげる人が多くいました。その背景には、当時の日本が科学技術の進歩に支えられ、経済・産業を急速に発展させていたことがあげられます。ところがその後、日本経済は低成長の時代となり、子どもたちの理系ばなれも加速していきました。OECDが4年に一度おこなっている世界共通のテストでは、かつて1位をとっていた数学で、日本はどんどん順位をさげ、子どもたちの理系科目の学力をあげなければ、日本の経済・産業が心配だといわれるようになりました。

近年、理系のしごとの人気がふたたび高まっているといいます。その背景には、日本人のノーベル賞受賞者があいついだことや、大学で学んだ専門知識や技術などをしごとに生かしたいと考える人が増えたことなどがあります。また、理系の職場や進路をめざす女性が昔より増えはじめ、「理系女子」を省略した「リケジョ」という言葉も使われるようになりました。

さて、このシリーズは、かつての子どもたちのあこがれで、近年ふたたび人気が高まっている理系の職場で活躍する人たちを見て、みなさんの将来のしごとについて考えるきっかけにしてほしいと企画したシリーズです。巻ごとに理系のしごとのなかからひとつの組織を取りあげ、そのしごと内容をくわしく見ていき、さらに巻末では、さまざまな理系のしごとを紹介したいと思います。

●もくじ

巻頭特集1	これが水族館の現場だ！	1
巻頭特集2	ベルーガ飼育も先駆者	2
巻頭特集3	元気を取りもどした野生動物を海へ	4
	はじめに	6

しごとの現場を見てみよう！

❶飼育下での繁殖と研究		8
❷生き物の命を守る獣医師		12
職員ファイル①	勝俣悦子さん	17
職員ファイル②	柴原 杏さん	18

今回、この本で紹介するのは、「鴨川シーワールド」です。開館以来、多種多様な海の生き物の飼育・研究をおこなってきました。飼育にかかわる職員は、対象となる生き物の種類によって、グループにわかれて働いています。ほかにも、獣医師として生き物の体調管理をおこなう職員も活躍しています。

このシリーズで紹介される人たちのがんばりを見て、理系のしごとに改めて魅力を感じる人もいるでしょうし、新たに将来のしごとの選択肢として興味をもつ人もいるはずです。そうした思いとともに、理系の科目やしごとを敬遠することなく、みなさんにどんどん興味をもってもらうことを願っています。

子どもジャーナリスト 稲葉茂勝
Journalist for Children
こどもくらぶ

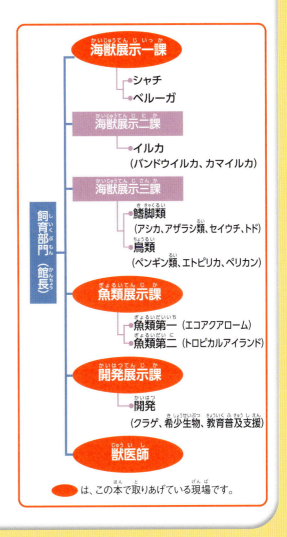

❸野生生物の保護と保全活動	19
職員ファイル③ 齋藤純康さん	23
職員ファイル④ 吉村智範さん	24
❹教育普及活動	25
職員ファイル⑤ 髙倉敦子さん	27
●鴨川シーワールドの職員になるには？	28
●まだまだあるよ 水族館を支えるしごと	30
さくいん	31

7

しごとの現場を見てみよう！

❶飼育下での繁殖と研究

水族館でくらす生き物の大半は、いまだに生態や繁殖についてくわしいことがわかっていません。飼育下の繁殖を研究することは、水族館の重要なしごとのひとつ。多種多様な海の生き物たちを未来に残すため、まずは、繁殖に取り組むようすを見てみましょう。

海獣類の繁殖に挑む！

イルカやクジラ、アザラシなど、海にすむほ乳類（海獣）の多くは近年、減少傾向にあります。そのため、水族館では、野生の海獣の導入をできるかぎり減らし、そのかわりに、飼育下の繁殖に取り組むことが多くなってきました。

鴨川シーワールドでは、1998年に日本ではじめてシャチの繁殖に成功（→p1）。バンドウイルカ、カマイルカ、セイウチなど、さまざまな海獣類の繁殖にも取り組んでいます。海獣類の交尾、出産、育児など、まだまだなぞが多いため、研究をおこなっているのです。

飼育下繁殖に成功したカマイルカの親子。育児のようすを日々観察して、研究に役立てる。

親シャチの「ラビー」が子シャチの「ルーナ」に授乳するようす。ラビーは、日本初の飼育下繁殖でうまれ育ったシャチで、成体へと成長したのち、2008年には日本初の飼育下3世となるアース（オス）を出産。2012年にはルーナ（メス）を出産し、飼育下第3世代へと命をつないでいる。

① 飼育下での繁殖と研究

水族館内でふ化したエトピリカの体重を測り、成長過程を記録。

水族館でうまれたベルーガの赤ちゃんがうまく泳げるように補助する飼育員。

繁殖に適した環境づくり

　長年、海獣類の飼育にかかわってきた獣医師の勝俣悦子さん（→p17）は、「繁殖が成功するということは、飼育がおこなわれている環境を『生活の場』として動物たちが認めているということ」だと話しています。近年では、動物福祉[*1]の観点から、繁殖をおこなう際には生き物にとってストレスが少ない環境を整備することがもっとも重要だとされています。そのため生き物の親子がすこやかに成長できるように、飼育環境を整えることも、飼育員や獣医師のだいじなしごとのひとつなのです。

[*1] 動物が幸せと感じるように、動物の立場に立って環境を整えたり、飼育したりすること。くわしくは本シリーズ⑧の5ページを参照。

海獣たちの貸し借り

　近年、動物園や水族館のあいだでは、繁殖を目的として生き物を貸し借りする「ブリーディングローン」をおこなっている。血縁がはなれた個体を搬入して交配させることで近交劣化[*2]をさけ、飼育下繁殖でも遺伝子の多様性を保持するという目的がある。鴨川シーワールドでは、北海道のおたる水族館からセイウチ（→写真）をあずかって飼育したり、神奈川県の八景島シーパラダイスにベルーガを貸しだしたりしている。

[*2] 血縁が近い個体どうしが交配をくりかえすことによって、繁殖能力が低下したり、先天性の異常や病気が増えたりすること。

セイウチの搬入。輸送箱は、その動物に最適な大きさ・材質のものを使用する。

9

水族館うまれの魚たち

鴨川シーワールドでは、海獣類のほかに、魚類やクラゲなどの繁殖に取り組んでいます。

魚類やクラゲは、海獣類とくらべて、寿命が比較的短く、飼育展示を維持するのがむずかしい！　飼育員は、ほかの水族館と協力しながら最先端の繁殖技術などを積極的に学んで、展示する生き物たちが絶えることがないようつとめています。

水族館で繁殖がおこなわれた魚類を集めた飼育展示。

クマノミの赤ちゃんは、からだが小さく、巨大水槽のろ過装置にすいこまれてしまうおそれがある。そのため、バックヤードの水槽に移して飼育をおこなう。

展示水槽の掃除は、病気の予防や、飼育下繁殖の成功につながるだいじなしごとのひとつ。

1 飼育下での繁殖と研究

クラゲの飼育展示「Kurage Life」。クラゲは寿命が短いものだとわずか半年程度しか生きられないため、つねに水族館で繁殖をおこなっている。

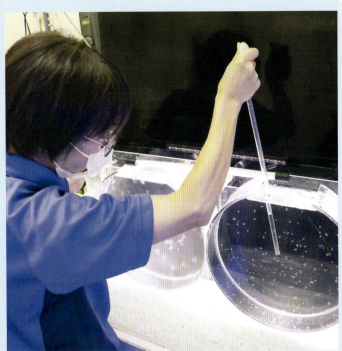

クラゲは、卵→プラヌラ→ポリプ（イソギンチャクのような姿）→エフィラ（赤ちゃんクラゲ）→成体へと姿をかえる。バックヤードでは、こうした成長段階に合わせた水槽を用意して飼育をおこなっている。写真は、クラゲの子どもにエサをあげているようす。

繁殖に成功した証の「繁殖賞」、「古賀賞」

「繁殖賞」とは、日本ではじめて繁殖に成功した証として、公益社団法人日本動物園水族館協会から授与される賞のこと。動物園や水族館の飼育下における繁殖例がない種を繁殖させて、誕生後6か月以上飼育した場合に授与される（2019年からは繁殖賞制度が廃止され、新たに「初繁殖認定」という制度になった）。

また、世界的にも例のない繁殖、数世代にわたる繁殖に成功した水族館や動物園などには、「古賀賞」がおくられる。これは、上野動物園の元園長で、野生生物の保護活動に取り組んだ古賀忠道博士にちなんだ、国内最高と位置づけられた賞。鴨川シーワールドは2004年、海外の獣医や外部の研究者の協力を得て、国内ではじめて人工授精によるバンドウイルカの繁殖に成功し、古賀賞を受賞した。

👑 鴨川シーワールドの繁殖賞

ハマクマノミ	1973年6月
イバラタツ	1977年5月
オーストラリアアシカ	1981年8月
セイウチ	1994年6月
シャチ	1998年1月
カスピカイアザラシ	2003年4月
オイランヨウジ	2015年3月
コブダイ	2015年5月
サンギルイシモチ	2018年7月
オウサマペンギン（人工授精）	2018年9月
カマイルカ（人工授精）	2019年5月

11

しごとの現場を見てみよう！

❷生き物の命を守る獣医師

鴨川シーワールドで働いているのは、飼育員だけではありません。ここでは、9ページでふれた勝俣さんのような、生き物たちの日々の健康管理、病気やケガの治療をおこなう獣医師のしごとを見てみましょう。

どんなしごとをしているの？

鴨川シーワールドの獣医師チームには、獣医師2名、動物看護師（→まめ知識）2名がいて、鯨類や鰭脚類などの海獣類、鳥類の健康管理、診察や治療をおこなっています。彼らは、1日に数回、エサやりの時間に合わせて、水族館内の飼育動物の見回り観察をおこないます。

エサの食べ具合を観察したり、担当飼育員から生き物の行動や食欲について聞き取りをおこなったり、体温などの記録をして、日誌に記入。病気やケガの早期発見をめざしています。

セイウチのエサやりの時間に合わせて、見回り観察をおこなう獣医師の柴原さん（→p18）。

飼育員と連携して検診

海獣類などのからだが大きい生き物を検診するのはたいへんです。そこで、鴨川シーワールドでは、飼育員に協力してもらい、「ハズバンダリートレーニング」をおこなっています。

これは、飼育員のかけ声や笛、手の動きなどの合図で、生き物たちに採血や超音波検査などの医療行為をおこないやすい姿勢になってもらう訓練です。

生き物自らが治療に適した姿勢をとるように訓練するのです。麻酔をかけたり無理に押さえつけたりする必要がなくなり、安全に診察や検診ができるといいます。

鴨川シーワールドでは、来館者に向けて、セイウチの体重測定を公開している。こうした体重測定も、ハズバンダリートレーニングの成果の一例。

シャチは採血をいやがると、尾びれをはねあげる危険がある。採血時、獣医師は必ず尾びれの後ろに立っておこなう。注射針が体内に残ってしまうのをさけるために、注射針をさす向きにも注意をはらう。

水族館の動物看護師

多くの水族館の獣医師チームには、獣医師と協力して診療をおこなう動物看護師がかかせない存在になっている。動物看護師は、獣医師のみがおこなえる麻酔銃、手術、診断以外で、生き物たちの診療の補助、検査機器のメンテナンス、薬剤の在庫管理など、幅広い業務内容を担当し、獣医師を支えている。

なお、動物看護師として働くためには、これまで民間資格を取得するのが一般的だったが、2022年の法改正によって国家資格化。「愛玩動物看護師」という国家資格取得が必須になった。

シャチの診察をおこなうために、超音波診断装置を運びこむ獣医師（左）と動物看護師（右）。

繁殖・出産のサポート

「繁殖」をサポートするのも、獣医師たちの重要なしごとです。生き物の繁殖周期を調べるために尿中のホルモンを定期的に測定したり、超音波検査で、おなかのなかの子どものようすを確認したりします。また、出産時立ちあいや、出産後の母体と赤ちゃんの健康観察のほか、個体によっては人工ほ育の手助けなどもおこないます。

超音波検査でベルーガの赤ちゃんの成長を調べる。

カマイルカの赤ちゃんにミルクをあげる獣医師（左）と飼育員たち（中央、右）。

よりそって泳ぐカマイルカの親子。子イルカは、人工授精によってうまれた貴重な繁殖例。

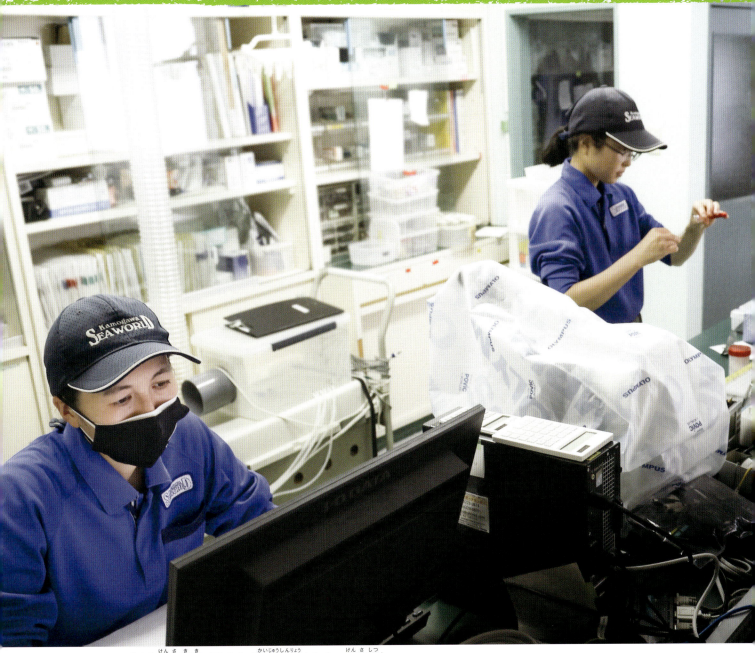

パソコンやさまざまな検査機器がそろう「海獣診療センター検査室」。

「海獣診療センター検査室」

獣医師チームがふだん働いているのが、水族館内に設置された「海獣診療センター検査室」です。ここでは、レントゲンや血液検査機器など、さまざまな医療器具や検査機器を用いて、生き物から採取した血液などの検体を分析しています。

また、生き物のデータを記入したり、これまで記録してきたカルテをもとに治療に使う薬剤を用意したりしています。

生き物の血液を分析する機械を使って、健康状態や病気の原因をさぐる。

②生き物の命を守る獣医師

生き物が死んでしまったら

水族館で死亡した生き物は、獣医師が解剖をおこない死因を調査します。これは、飼育や治療が適切だったか、ほかの生き物に感染する病気があったかなどを調べるのが目的です。同時に、からだのつくり（目の大きさやひげの本数など）を詳細に計測して、今後の飼育や研究に役立てられるよう、データに残していきます。希少生物や飼育事例が少ない生き物が死亡した場合は、骨格標本（→写真下）にして保存する場合もあります。

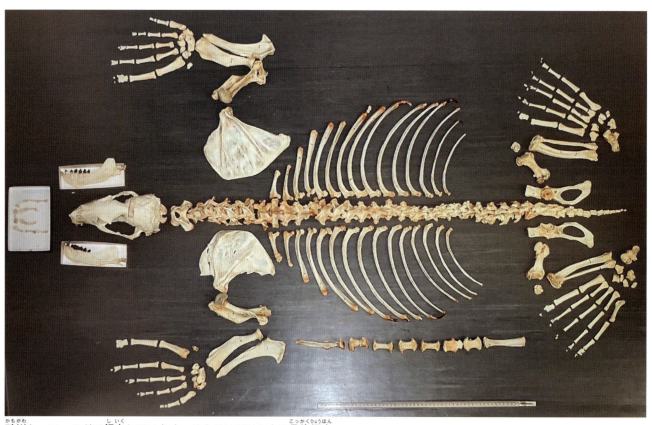

鴨川シーワールドで飼育していたオーストラリアアシカの骨格標本。

もっと知ろう！ 骨格標本ができるまで

生き物の死体は、解剖がおこなわれたあと標本づくりに取りかかるまで、水族館内の冷凍庫で保管される。その後、おおまかに除肉をしてから砂地にうめて、骨になるまで数年ほど待つ。骨をほりおこしたら、外部の研究機関や大学などと協力しながら、標本をしあげていく。こうしてできあがった標本は、館内で展示されたり、博物館に寄贈されたりする。なお、飼育していたシャチやセイウチの骨格標本（→写真右）は、館内に展示され、来館者が間近に見ることができるようになっている。

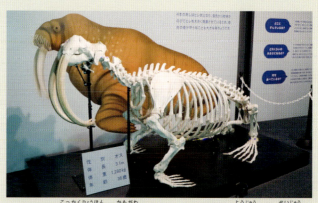

セイウチの骨格標本。鴨川シーワールドには、幼獣から成獣までの飼育記録が残されている。舌骨という小さな骨をふくむ全身の骨がそろっているため、学術的にも貴重だといわれている。

鴨川シーワールド職員ファイル ①

勝俣悦子さん
海獣展示一課（獣医チーム）

しごと歴：47年（国内初の女性海獣医師）
大学で専攻した分野：獣医学科
子どものときの趣味：水泳、鳥やリス・犬などの飼育

このしごとにつこうと思ったきっかけは？
海の動物に関係するしごとにつきたいとずっと思っていました。とくに、イルカの超能力（→p3）にひかれたのがきっかけです。
大学時代には、水族館で実習をさせてもらったものの、海獣類の勉強はしていなかったので、絶対に無理！と、いちどは海獣医師になるのを断念しました。しかし、思い切って鴨川シーワールドに入社しました。

実際に働いてみてどうですか？
獣医師の免許をもった飼育係として、ベルーガの水中ショー出演からスタートしました。海獣について知ることができる毎日で最高！　夢中でした。その一方で、健康管理者としてつとまるのか、不安もありました。飼育の歴史が浅いイルカなどの動物たちと向き合っていくなかで、それぞれの個体に合った治療方法を発見することが大切と理解しました。

しごとをする上で、大切にしていることは？
しごとと家庭のバランスを大切にしています。今では女性が家庭をもちながら働くことが当たり前になっていますが、海獣飼育という特殊なしごとをしながら、子育てとしごとをすることがめずらしい時代がありました。家族も海獣たちもどちらもかけがえのない自分の宝物なので、その時どきによって優先順位を決めていました。

やりがいを感じるのは、どんなときですか？
新しい命が誕生することがなにより楽しみです。お母さんがどのように子育てをするのか、お父さんはどのように育児に参加するのかなどを目の当たりにするのも楽しみのひとつです。

日頃、どのようにしごとをしていますか？
後輩の獣医さんに「海獣のお医者さんとしてのしごとや考え方」を引きついでいます。個人的には、「飼育海生ほ乳類の繁殖」をテーマにかかげて、研究を続けています。

上の書籍では、海獣を飼育するよろこびや苦労などをくわしく紹介している。
『わたしは海獣のお医者さん』
勝俣悦子、岩崎書店

子どものころの夢は？
大学で獣医学を学びましたが、将来は獣医師として診療にあたるのではなく、動物といっしょに生活をしたいと思っていました。

鴨川シーワールド職員ファイル ②

柴原 杏さん
獣医チーム

しごと歴：6年
大学で専攻した分野：獣医学科（獣医臨床繁殖学）
子どものときの趣味：外遊び、ジグソーパズル

このしごとにつこうと思ったきっかけは？
小さなころから動物が好きでした。テレビ番組の影響で野生動物に興味をもち、高校生のときに動物園や水族館で働きたいと考えるようになりました。絶滅危惧動物の繁殖に関心があったため獣医学部に進学し、獣医臨床繁殖学研究室に入りました。

実際に働いてみてどうですか？
動物が好きでついた職ですが、事務作業も多いため、動物とふれあう時間が少なく、さみしいと感じるときもあります。カルテを記入するときは、個体情報や検査結果を細かく記録することで、将来に役立つカルテを残していきたいと思っています。

しごとをする上で、大切にしていることは？
動物の体調管理には、人間のコミュニケーションが重要であると日々感じています。飼育にかかわる人みんなが動物に対して感じていることはさまざまですが、すべてが重要な情報です。たくさんの目で見て意見を聞くことで、状況を把握することにつとめています。

やりがいを感じるのは、どんなときですか？
体調不良だった個体が回復し、元気に過ごしている姿を見ているときにやりがいを感じます。治療に苦慮した個体への思い入れは深く、そのような子と遊べる瞬間はとても楽しく感慨深いです。

日頃、どのようにしごとをしていますか？
動物の健康管理を担当しています。飼育動物の見回りで体調不良の個体はいないか、ふだんどのように過ごしているかを観察しています。治療もしますが、健康維持・早期発見を目的とした検査を日々おこなっています。

子どものころの夢は？
幼稚園のころは、イノシシの調教師になりたいと思っていました。小学生になると、盲導犬訓練士にかわりました。獣医師を志したのは高校生になってからです。

③野生生物の保護と保全活動

しごとの現場を見てみよう！

鴨川シーワールドでは、生き物の飼育や健康管理以外にも、さまざまなしごとをしています。館内の生物多様性コーナーや、周辺の海岸に出ておこなうウミガメの卵の保護活動などを見てみましょう。

生物多様性の大切さを伝える

鴨川シーワールドでは、千葉県内に生息する野生生物を、館内の「外房の里山ー生物多様性の保全ー」コーナーで飼育展示しています。開発展示課で働く齋藤純康さん（→p23）は、「来館者のみなさんに生き物たちの現状を知ってもらい、自分たちがすんでいる地域の生き物を大切にしようと考えるきっかけにしてほしい」と話しています。

絶滅危惧種を守る

現在、地球温暖化などによる環境の変化や外来種問題*といったさまざまな要因によって、多くの生き物が絶滅の危機に直面しています。鴨川シーワールドでは、千葉県と連携して、県内に生息する絶滅危惧種（→p20まめ知識）であるシャープゲンゴロウモドキやミヤコタナゴ、ニホンイシガメなどの保護活動をおこなっています。

「外房の里山ー生物多様性の保全ー」コーナー。生き物がすむ自然環境を再現した展示が特徴。

*近年、外来種が在来種を食べたり、エサを横取りして在来種を減少させたりして生態系をこわしてしまうことなどが問題になっている。

19

絶滅危惧種を水族館で増やす

絶滅危惧種の保全活動には、「生息域外保全」と「生息域内保全」の２つがあります。前者は、絶滅危惧種を守るため、生き物を生息場所から安全な施設へ移して保護し、数を増やす（繁殖させる）ことにより絶滅を防ぐこと。後者は、希少生物がくらす自然環境を維持しながら、生息場所ごと生き物を守ることです。

開発展示課で働く飼育員たちは、前者の生息域外保全に積極的に取り組んでいます。千葉県の里山にすむ野生生物を守るため、飼育員自ら生物調査に出向き、生き物を水族館に持ちかえり、飼育・繁殖させたあと、もともと生息していた場所にもどしています。

生息域外保全の取り組みとして、シャープゲンゴロウモドキを水族館内で繁殖させ、千葉県内の里山に放す。

絶滅危惧種とは

個体数が少なくなり、この地球上からいなくなってしまう危険性のある生き物のことを「絶滅危惧種」という。国際自然保護連合（IUCN）や環境省などは、こうした絶滅のおそれのある種を絶滅の危険度によって分類し、「レッドリスト」や「レッドデータブック」として公表。鴨川シーワールドで保護、繁殖に取り組んでいるシャープゲンゴロウモドキやミヤコタナゴは絶滅危惧ⅠA類に分類されていて、絶滅の危険性がきわめて高いとされている。

● 環境省レッドリスト（2020年）

カテゴリー	基準	対象種
絶滅（EX）	我が国ではすでに絶滅したと考えられる種	ニホンオオカミ、ニホンカワウソ など
野生絶滅（EW）	飼育・栽培下、あるいは自然分布域の明らかに外側で野生化した状態でのみ存続している種	クニマス
絶滅危惧ⅠA類（CR）★	ごく近い将来における野生での絶滅の危険性がきわめて高いもの	トキ、ミヤコタナゴ、シャープゲンゴロウモドキ など
絶滅危惧ⅠB類（EN）★	ⅠA類ほどではないが、近い将来における野生での絶滅の危険性が高いもの	アカウミガメ、ニホンウナギ、ホトケドジョウ など
絶滅危惧Ⅱ類（VU）★	絶滅の危険が増大している種	アオウミガメ、トウキョウサンショウウオ、ミナミメダカ、ギバチ など
準絶滅危惧（NT）	現時点での絶滅危険度は小さいが、生息条件の変化によっては「絶滅危惧」に移行する可能性のある種	ニホンイシガメ、アカハライモリ、ドジョウ など
情報不足（DD）	評価するだけの情報が不足している種	ニホンスッポン など
絶滅のおそれのある地域個体群（LP）	地域的に孤立している個体群で、絶滅のおそれが高いもの	房総半島のホンドザル など

★絶滅のおそれのある種（絶滅危惧種）。青字は、鴨川シーワールドで飼育している種。※「環境省レッドリスト2020」をもとに作成。

アカウミガメの卵の保護活動

日本列島は、アカウミガメの主要な産卵場所で、千葉県はアカウミガメが産卵にやってくる北限域にあたります。鴨川シーワールドでは2002年から、水族館の目の前に広がる東条海岸をはじめとした鴨川市内の海岸を中心に、アカウミガメの卵の保護活動を開始。魚類展示課の職員は、産卵場所があらされないように保護柵をつくったり、台風による高波や大雨などで産卵場所が流失してしまう危険がある場合は、近くの安全な砂浜に移動させたりして保護につとめています。

近くに保護に適した場所がない場合は、水族館内に建設した人工の砂浜「ウミガメの浜」に卵を移し、ふ化するまで見守ります。

飼育員は1日数回、「ウミガメの浜」の砂浜の温度や卵の発育状態をチェックする。

「ウミガメの浜」にアカウミガメの卵を移すようす。

小枝など海岸の漂着物を利用して保護柵をつくる（東条海岸）。写真中央の柵で囲われたところが、アカウミガメの産卵場所。

3 野生生物の保護と保全活動

飼育員によるウミガメ上陸調査

魚類展示課では、アカウミガメの保護活動をスタートした2002年以降、親ガメが上陸したかどうか、産卵された卵の数、産卵場所の温度などさまざまなデータを記録しつづけています。収集したデータをもとに、ふ化率（産卵された卵がどれだけふ化したか）なども分析（→下の表）。魚類展示課の吉村智範さん（→p24）は、「データを積み重ねて分析していくことで、アカウミガメの現状をより正確に知ることができる」といいます。

親ガメが歩いたあとを観察し、メジャーで計測する。

● 千葉県鴨川市東条海岸における年別、上陸産卵回数（2002～2023年）

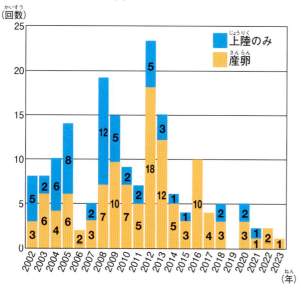

アカウミガメの産卵場所の温度を計測する。

絶滅の危険性が高まるアカウミガメ

アカウミガメは、産卵地の減少や海洋プラスチックごみの誤飲などにより、生息数が年ねん減少傾向にある。1回の産卵数は平均100個前後で、ふ化率は約6割。産卵からおよそ2か月後に砂のなかでふ化し、子ガメはふ化後数日から1週間かけて地表に出て海に旅立つ。それから40年の歳月をかけて親ガメにまで成長する。海岸にもどってきて産卵できる個体は、0～1匹といわれている。

海に向かうアカウミガメの子ガメ。

鴨川シーワールド職員ファイル③

齋藤純康さん
開発展示課

しごと歴：28年
大学で専攻した分野：海洋学部水産資源開発課程
子どものときの趣味：つり、生き物の飼育

このしごとにつこうと思ったきっかけは？
幼いころはカブトムシやクワガタ、水生昆虫、カエルなどを自分で飼育していました。小学校4年生のときに、父親に水槽を買ってもらい、本格的に淡水性の熱帯魚の飼育をスタート。しかし、生きた魚などをエサにする生き物は飼わないというのが家のルールでした。心のなかでは、そうした魚もどうしても飼いたくて、また、家では飼える魚の大きさもかぎられてしまうので、さまざまな生き物が飼える水族館で働きたいと思うようになりました。

実際に働いてみてどうですか？
入社後2年間は、シャチチームに配属され、自分には不向きだと思ったけれど、実際にやってみるととてもやりがいがありました。今の部署では、飼育動物の命にかかわるときや生物採取をおこなうときなどは昼夜を問わないので肉体的にはたいへんですが、やりたいことができるようになり充実しています。

しごとをする上で、大切にしていることは？
多くの生き物は、飼育をする上でマニュアルのようなものがほとんどありません。そのため、生き物に関するいろいろなことに興味をもったり、さまざまな角度から物事を見たりすることを意識しています。

やりがいを感じるのは、どんなときですか？
飼育がむずかしい生き物の飼育展示にたずさわることができるところに非常にやりがいを感じます。水族館では飼育困難だったノコギリザメの飼育展示やオオアメンボの展示の確立、世界初となるギンザメの飼育展示（2006年、315日間の飼育）をおこなえたことは、自分自身にとってよい経験になりました。

日頃、どのようにしごとをしていますか？
現在は管理職なので、パソコン作業が多いです。報告書の作成をしたり、教育普及活動のスライド作成や機関誌の発行準備、定期的におこなわれる保全生物の会議などに参加したりしています。

子どものころの夢は？
子どものころから水族館の飼育係になりたいと思っていました。

鴨川シーワールド職員ファイル④

吉村智範さん
よしむらとものり

魚類展示課

しごと歴：20年
大学で専攻した分野：水産学（水産増殖）
子どものときの趣味：昆虫採集、生き物の飼育、つり

このしごとにつこうと思ったきっかけは？

小さいころから昆虫や爬虫類を捕まえたり、飼育したりすることが好きでした。中学生のころ、日本中が熱帯魚ブームで、父親といっしょにグッピーなどの熱帯魚の飼育をはじめました。京都府出身で、城崎マリンワールドや須磨水族館、鳥羽水族館、大阪海遊館など、家から近いところにさまざまな水族館があったことも、きっかけのひとつです。

実際に働いてみてどうですか？

鴨川シーワールド周辺には豊かな自然があり、さまざまな生物を採集したり、漁業関係者と協力して海の生き物を収集したりできるので、生き物が大好きな自分に合っていると感じます。

しごとをする上で、大切にしていることは？

来館者のみなさんに気持ちよく生物を観察してもらえるよう、館内や展示水槽内を清潔に保つことを心がけています。水族館に搬入された生物が一日でも長く健康に生き、可能であれば、水族館で飼育している生物の一種類でも多くを繁殖でまかなえるようにしていきたいと考えています。

やりがいを感じるのは、どんなときですか？

魚類展示課が担当している展示環境づくりやレイアウトを考えるときにワクワクします。自分がかかわった展示を見てよろこぶ来館者の姿を見つけるととてもうれしく、やりがいを感じます。後輩の飼育員が新しいことに挑戦し、結果を出せたときや、ほかの水族館の方がたと交流しているときも楽しいです。

日頃、どのようにしごとをしていますか？

後輩の飼育員を指導する立場になってからは、なるべく現場作業に入っていっしょに作業をし、いろいろなことを伝えていきたいと考えていますが、残念ながら現在はデスクワークが中心です。

子どものころの夢は？

中学の卒業文集の「今欲しいものは？」の問いに「水族館」と書いていた記憶があります。そのころからぼんやりと水族館で働きたいと考えていたのだと思います。

しごとの現場を見てみよう！

❹教育普及活動

来館者が生き物や自然環境に関心をもつきっかけを提供することも、水族館のだいじな役割のひとつ。鴨川シーワールドでは、さまざまな教育プログラムを飼育員たちが自ら企画しています。

子どもたちの興味・関心をよぶ

鴨川シーワールドでは、小学生を対象とした教育プログラム「サマースクール」を夏休みの期間に開催しています*。これは、鴨川シーワールドの生き物の生態について、飼育員がわかりやすく解説したり、磯の生物や魚類、シャチなどの海獣類を間近で観察したりできるプログラムです。プログラムの内容は、毎日多種多様な生き物たちとかかわっている飼育員たちが話し合って決めています。

＊冬休み期間には「ウィンタースクール」を開催する場合がある。

サマースクールで使用する教材。魚のからだのつくりを説明する手づくりプラカードや生き物の模型など、子どもたちが楽しく学べる工夫が盛りだくさん。

サマースクールのようす。子どもたちは気になることを飼育員にその場で質問できる。

④ 教育普及活動

飼育員による出前授業

鴨川シーワールドの教育普及活動は、館内だけではありません。千葉県内の保育園や幼稚園、小・中学校、特別支援学校を飼育員が直接訪れ、アカウミガメの保護活動について解説する「ウミガメ移動教室」もおこなっています。

このほかに、絶滅危惧種であるシャープゲンゴロウモドキや、生息数が減少している日本の固有種のニホンイシガメの保全活動（→p20）をテーマにした出前授業も実施。飼育員たちは、水族館が取り組む保護・保全活動について、生き物とふれあいながら知ってもらえるような授業内容をめざしています。

ウミガメ移動教室では、飼育員がアカウミガメの子ガメとともに各学校を訪問。

まめ知識

海の生き物と自然を学ぶ特別レクチャー

鴨川シーワールドでは、年間パスポート会員を対象に「動物友の会月例会」という特別講座を毎月開催。もともと子ども向けの講座として開催していたが、今では海の生き物に関心をもつ大人の参加者も受けいれている。講師をつとめるのは、鴨川シーワールドの飼育員たち。月ごとにさまざまなテーマを取りあげている。

● 講座テーマ（2023年度の場合）

1月	水の生き物たちはどうやって呼吸するの？
2月	骨のいろいろ
3月	水の生き物おさらいクイズ
4月	水の生き物たちはどうやって増えるの？（繁殖）
5月	イルカたちはどうやって泳ぐの？
6月	水の生き物ファッションショー（体の色、もよう）
7月	鴨川シーワールドの保全活動について
8月	一番なかよし、だーれだ？（共生、寄生）
9月	鴨川シーワールドの保護活動について
10月	水の生き物たちの健康管理とトレーニング
11月	水の生き物たちはどんなエサが好き？
12月	魚はどうやって泳ぐの？

講師をつとめているのは、飼育員の髙倉さん（→p27）。

鴨川シーワールド職員ファイル ⑤

髙倉敦子さん

開発展示課

しごと歴：23年
学校で専攻した分野：動物飼育学
子どものときの趣味：陸上、音楽鑑賞、お菓子づくり

このしごとにつこうと思ったきっかけは？

小さいころから生き物が好きで、家で犬を飼ったり、小学校で飼っていたウサギやニワトリの世話をしたくて飼育係を担当したりしていました。そのころから自然と将来は生き物にかかわるしごとにつきたいと思うようになりました。小学6年の修学旅行で見たラッコに一目ぼれしたのもきっかけのひとつです。

実際に働いてみてどうですか？

生き物の飼育を通して、はじめて知ること、生き物から教わることも多く、日々勉強です。教育普及活動では、紹介したい内容をどのように来館者にわかりやすく解説するか、試行錯誤しています。

しごとをする上で、大切にしていることは？

生き物たちを健康に飼育するために、小さな変化にもすぐに気づき、臨機応変に対応することを大切にしています。また、教育普及活動においては参加者の年齢や反応に合わせて、わかりやすい解説ができるようつとめています。

やりがいを感じるのは、どんなときですか？

自分が一生懸命育てた生き物を見てお客さんがよろこぶ姿や、教育普及活動の参加者から「楽しかった」「へぇ、そうなんだ」などの言葉や反応があったときです。

日頃、どのようにしごとをしていますか？

一日の大半はクラゲの飼育業務をおこなっています（→p11）。展示しているクラゲのほか、裏方ではクラゲのポリプやクラゲの子どもの育成もおこなっています。クラゲの寿命は短く、つねに繁殖させ次世代を育成しなくてはいけないのでたいへんです。また、毎月2回の「動物友の会」（→p26）では、月のテーマにそって解説をおこなっています。

子どものころの夢は？

飼育員や獣医など生き物にかかわるしごとをしたいと思っていました。看護師だった母にあこがれ、看護師になりたいと思った時期もありました。

鴨川シーワールドの職員になるには？

鴨川シーワールドの飼育員になるための方法と、実際に鴨川シーワールドの飼育員になった後の働き方について紹介します。また、29ページでは獣医師について見てみます。

どうすればなれるの？

- 鴨川シーワールドでは、魚類から海獣類までさまざまな生き物をあつかう飼育員を募集しています。ホームページに掲載される採用情報を確認して、履歴書などの書類を提出。書類審査、面接選考に合格すると、採用が決まります。
- 大学・短大・専門学校では、獣医学、動物看護学、水産学、海洋学、農学、畜産学などの生き物に関連する分野を学ぶとよいでしょう。
- 飼育員になるための特別な資格はありませんが、学芸員*1などの資格が役立つ場合もあります。
- 多くの動物園や水族館では、実習生を受け入れています。実習では、さまざまな実務を体験し、生き物と向き合う飼育員の姿を間近で見ることができるので積極的に参加するとよいでしょう。

実習では、生き物のエサの準備やエサやりなどを体験。

*1 美術館や博物館で、資料の収集、保管、調査研究にかかわる専門職員。博物館法に定める資格を必要とする。

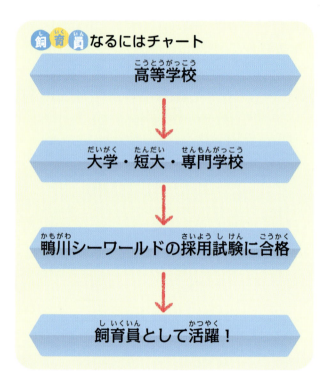

飼育員 なるにはチャート

高等学校
↓
大学・短大・専門学校
↓
鴨川シーワールドの採用試験に合格
↓
飼育員として活躍！

採用されたら

- 入社後は飼育部門の各部署に配属されます。先輩飼育員の指導のもと、飼育に関する専門的な知識を身につけていきます。
- 担当する生き物は、ずっと同じではありません。数年おきに担当替えがおこなわれ、多種多様な生き物の飼育を経験していきます。
- 担当する生き物によっては、潜水作業が生じる場合があります。必要に応じて、潜水士*2の資格を取得する人もいます。
- 勤務時間は決まっていますが、生き物の体調不良時や、出産をひかえているときなどは、勤務時間外に対応することもあります。

*2 仕事上で潜水作業をおこなう際に必要な免許で、国家資格のひとつ。

獣医師になるには

　水族館の獣医師として働くには、大学の獣医学科で6年間学んだあと、国家資格である獣医師免許を取得する必要があります。獣医師の国家試験は、年に1回実施。試験内容は、飼育動物の診療や衛生学に関する知識など。幅広い分野から出題されるため、しっかりと試験対策をすることが求められます。

　また、飼育員だけでなく、獣医師をめざす人にとっても、生き物と直接ふれあえる実習の経験が重要です。鴨川シーワールドの獣医師である柴原杏さん（→p18）は、大学時代に複数の動物園・水族館の実習に参加。柴原さんは「実習を通じて得た学びは、今の業務のいろいろな場面でいきている」といっています。

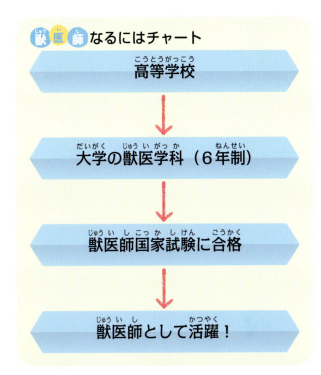

獣医師なるにはチャート

高等学校
↓
大学の獣医学科（6年制）
↓
獣医師国家試験に合格
↓
獣医師として活躍！

獣医師の柴原さん（右）は、生き物たちのささいな変化を見逃さないように、飼育員と積極的にコミュニケーションを図り、二人三脚で生き物の健康管理につとめている。

水族館を支えるしごと
まだまだあるよ

水族館を支えているのは、この本で紹介してきた飼育員や獣医師だけではありません。ほかにも、裏で水族館を支えている人たちがいます。水族館の職員ではありませんが、水族館でくらす生き物たちが、いきいきとすごせる環境をつくるという、大切なしごとをになっています。

飼育展示にかかせない水槽パネルを開発

水族館の飼育展示でかかせないもののひとつが「水槽」です。水族館の水槽はガラスではなく、アクリルという素材でできています。アクリルパネルの登場で、水槽の大きさや形は多様になり、展示にもさまざまな工夫ができるようになりました。たとえば、日本の企業である「NIPPURA」は、透明度・耐久性ともに世界最高水準の水槽用アクリルパネルを開発・製造。鴨川シーワールド、沖縄美ら海水族館をはじめ、日本だけでなく世界中の水族館の水槽に使われています。

↑NIPPURAが手がけた、中国のチャイムロング海洋王国の大型水槽。

➡水槽用アクリルパネルを手作業でみがいていくNIPPURAの職員。

生き物にとって最適な水環境を整える

水槽内の環境を整えるには、生き物の生息環境に合わせて水の性質（海水・淡水）をかえたり、適した水温にしたり、ふんや食べかすを取りのぞいたりとたくさんのことに配慮しなければなりません。そこで多くの水族館では、水槽内がいつでも最適な状況を維持できるように「水処理設備」を導入しています。

鴨川シーワールドでも、外部の企業が研究・開発した水処理設備を使って、生き物たちが過ごしやすい環境を整えています。

水ingエンジニアリング株式会社は、鴨川シーワールド内の水処理設備を開発。同社の職員は、水族館内の機器のメンテナンスを定期的におこない、飼育展示を裏でサポートしている。

さくいん

あ

アカウミガメ	20,21,22,26
イソギンチャク	11
ウミガメ移動教室	26
ウミガメの浜	5,21
エコーロケーション	3
エトピリカ	9
オーストラリアアシカ	11,16

か

海獣診療センター検査室	15
海獣類	1,8,9,10,12,13,17,25,28
開発展示課	19,20,23,27
解剖	16
学芸員	28
カマイルカ	8,11,14
環境省	20
キタオットセイ	4
魚類展示課	21,22,24
近交劣化	9
クマノミ	10
クラゲ	10,11,27
血液	15
古賀賞	11
国際自然保護連合（IUCN）	20
骨格標本	16

さ

採血	13
サマースクール	25
シャープゲンゴロウモドキ	5,19,20,26
シャチ	1,2,8,11,13,23,25
獣医師	9,12,13,14,15,16,17,18,28,29
出産	8,14,28
シロイルカ	→ベルーガ
人工ほ育	14
人工ほ乳	1
セイウチ	8,9,11,12,13,16

た

生息域外保全	20
生息域内保全	20
生物多様性	5,19
絶滅危惧種	5,19,20,26
潜水士	28

超音波	2,3,14
動物看護師	12,13
動物福祉	9

な

ニホンイシガメ	19,20,26
日本動物園水族館協会	11

は

ハズバンダリートレーニング	13
繁殖	1,2,8,9,10,11,14,17,18,20,24,27
繁殖賞	11
バンドウイルカ	8,11
ブリーディングローン	9
ベルーガ	1,2,3,9,14,17
ポリプ	11,27

ま

ミヤコタナゴ	19,20

ら

レッドリスト	20
レントゲン	15

わ

ワモンアザラシ	1,4

■ 編集
こどもくらぶ（二宮祐子／成田夏人）
「こどもくらぶ」は、あそび・教育・福祉分野で、子どもに関する書籍を企画・編集している今人舎編集室の愛称。図書館用書籍として、毎年10〜20シリーズを企画・編集・DTP制作している。これまでの作品は1000タイトルを超す。

https://www.imajinsha.co.jp

■ 企画協力：稲葉茂勝

■ デザイン・DTP
菊地隆宣

■ 企画・制作
株式会社今人舎

■ 取材協力
鴨川シーワールド

■ 写真協力
鴨川シーワールド
NIPPURA株式会社
水ing株式会社

■ 参考資料
●鴨川シーワールドホームページ
https://www.kamogawa-seaworld.jp/

この本の情報は、特に明記されているもの以外は、2024年8月現在のものです。

理系の職場 ⑩鴨川シーワールドのしごと

| 初　版　第1刷発行　2024年9月30日 |

編	こどもくらぶ
発行所	株式会社同友館
	〒113-0033 東京都文京区本郷2-29-1
	電話　03-3813-3966　FAX　03-3818-2774
	http://www.doyukan.co.jp/
発行者	脇坂 康弘

印刷／製本　瞬報社写真印刷株式会社

©Kodomo Kurabu 2024　Printed in Japan.
Published by Doyukan Inc.
乱丁・落丁本はおとりかえいたします。

無断複写複製（コピー）禁ず
ISBN978-4-496-05712-0　NDC 335
32p/29cm